LE SÉNATEUR PIETRI.

Le Sénateur PIETRI

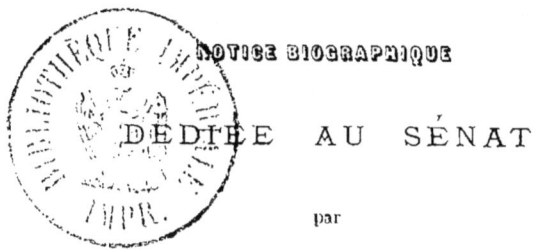

NOTICE BIOGRAPHIQUE

DÉDIÉE AU SÉNAT

par

Sylla Michelesi.

MARSEILLE
IMPRIMERIE DE T. SAMAT,
QUAI DU CANAL, 9.

MDCCCLXV.

Cette Biographie était destinée à paraître dans un journal politique de Marseille, quelques jours après la mort regrettable du Sénateur Pietri. Des circonstances indépendantes de notre volonté nous ayant, dans la suite, obligé de renoncer à notre projet, nous nous faisons un devoir de la publier aujourd'hui, en brochure, en attendant le jour où une plume consciencieuse et patriotique écrira dans tous ses détails cette vie noblement remplie.

LE
Sénateur Pietri

NOTICE BIOGRAPHIQUE

C'est pour nous une tâche toujours agréable, que celle de signaler, à la reconnaissance du pays, les hommes qui, comme M. Pietri, ont terminé leur carrière entourés de l'estime et des sympathies de leurs contemporains.

La mort de ces hommes, tout en étant une grande perte, est souvent aussi une grande leçon que l'histoire transmet à la postérité, une page sublime, toute palpitante d'intérêt que l'on ne saurait laisser trop longtemps sous les yeux de la jeunesse. . . .
. . . .
. . . .

Pierre-Marie Pietri, naquit à Sartene (Corse), le 23 mai 1810, quelques années seulement après que le soleil des grandes batailles avait séché le sang des plaines d'Austerlitz, et que Napoléon, toujours confiant dans son étoile, avait marché avec la rapidité de l'éclair, d'Essling à Raab et de Raab à Wagram ! Cette année fut féconde en grands évènements. L'Amérique du Sud secouait le joug de l'Espagne et proclamait le gouvernement fédératif de Vénézuela, tandis que Napoléon s'alliait à une des plus vieilles dynasties de l'Europe, en épousant Marie-Louise, archi-duchesse d'Autriche.

Doué d'une intelligence précoce, Pierre-Marie Pietri semblait déjà promettre au pays un avenir des plus brillants. Il n'avait que 17 ans, lorsqu'il quitta Sartene, pour aller perfectionner, sous la direction de maîtres habiles, son éducation classique à Marseille. Aussi ne tarda-t-il pas à prouver que le temps passé loin de la maison de ses pères, avait été consciencieusement utilisé.

Trois ans plus tard, c'est-à-dire en 1830-31, le jeune Corse était reçu avocat et allait se faire inscrire au tableau du barreau de la Cour Royale.

Jusqu'ici la vie du regrettable Sénateur n'offre de remarquable que tout ce qu'une jeunesse laborieuse et indécise peut offrir.

Mais en 1830-31, lorsque le peuple de Paris voulut défendre ses institutions et ses libertés, lorsqu'une révolution éclata dans la capitale au milieu des barricades, et détruisit, dans l'espace de trois jours les monuments fragiles d'une Monarchie mal conseillée, Piétri comprit qu'il ne devait plus rester spectateur impassible.

Doué d'une finesse d'esprit admirable, animé de sentiments nobles et élevés, il prit dans les affaires une part assez active et se créa bien vite de nombreux amis.

L'ordre cependant ne tarda pas à se rétablir dans Paris, et toute agitation cessa.

L'avocat Piétri accepta alors la position de chef de cabinet de M. Crémieux, et depuis, jusqu'en 1848, il consacra toutes ses heures aux travaux du cabinet et aux études sérieuses et approfondies de la Jurisprudence. Mais à cette époque mémorable de notre histoire où l'on vit un trône s'écrouler au premier signal de la Révolution, Piétri dût retourner aux affaires. Il fit acte d'adhésion à la république et fut envoyé Commissaire général en Corse.

Arrivé dans son pays natal, à une époque de troubles, le nouveau Commissaire général fit preuve d'un esprit de conciliation remarquable et sut acquérir, en peu de temps, de nombreuses sympathies. Aussi la Corse voulut-elle lui donner une preuve éclatante de toute sa reconnaissance, en le nommant député à l'Assemblée Constituante. Son nom fut le troisième qui sortit triomphant de l'urne, sur six Représentants élus, dont trois étaient des Bonaparte !

M. Pietri comprit vite toute l'importance des nouvelles fonctions qu'il allait remplir, et fidèle interprète des sentiments de tous ses mandataires, il signala cette époque de sa vie publique par un acte de patriotisme qui devrait seul suffire à perpétuer sa mémoire, si par la suite, il n'avait acquis d'autres titres au dévouement et à l'estime de tous ses compatriotes.

Ce fut, en effet, lui qui proposa le rappel en France des membres de la famille Bonaparte exilée, et fit que les annales de nos assemblées législatives ont donné, dans la suite, le nom de *Proposition Pietri*, à l'expression libre des sentiments nobles et patriotiques qui animèrent toujours notre illustre compatriote.

Tour à tour, Préfet de l'Ariége, du Doubs et de la Haute-Garonne, de 1849 à 1851, M. Pietri laissa dans ces divers départements les souvenirs d'une administration sage et éclairée.

Appelé, en 1852, à la Préfecture de Police, il ne cessa pendant six années de maintenir à Paris l'influence démocratique du nouveau pouvoir, tout en défendant avec amour les intérêts de la ville de Paris.

Cependant, à la suite de l'attentat d'Orsini (14 janvier) M. Pietri donna sa démission.

Il ne nous appartient pas de dire, dans cette courte notice biographique, quelles raisons puissantes déterminèrent alors le Préfet de Police à se retirer. Il est de ces questions tellement délicates que l'histoire ne peut les aborder qu'au risque de s'égarer, ou de porter quelquefois des jugements téméraires.

Toujours est-il, qu'à cette époque, la santé du Préfet de police se trouvait être très altérée, et ses principes auxquels il ne faillit jamais, lui défendaient du reste d'accepter certaines mesures réactionnaires.

Quoique une chronique malveillante ait un peu compliqué tous ces faits, nous n'en constatons pas moins que la retraite de M. Pietri fut vivement regrettée et par le Chef de l'État, qui perdait un homme profondément dévoué à sa personne, et par la ville de Paris, qui perdait un administrateur à la fois actif et éclairé.

Après avoir quitté la Préfecture de Police, M. Pietri se contenta de siéger au Sénat où il avait été appelé le 9 juin 1857.

C'est encore au sein du premier corps délibérant de l'Empire qu'il attira sur lui l'attention de ses collègues en se faisant le défenseur chaleureux de l'Unité Italienne et de la Démocratie Napoléonienne.

Une brochure ayant pour titre : *La Politique Française*, qu'il fit paraître en 1862, expliquait avec logique et clarté quel devait être le rôle de la France dans les affaires d'Italie.

Du reste, le programme qu'adopta M. Piétri dans les assemblées du Sénat était de nature à rallier de nombreuses sympathies :

« *A l'extérieur montrer modération, dignité et*
« *dévouement aux peuples; à l'intérieur donner aux*
« *citoyens autant de liberté qu'ils ont déjà reçu*
« *d'égalité, et pour cela s'assimiler toutes les idées*
« *libérales, toutes les aspirations légitimes, orga-*
« *niser et discipliner toutes les forces de la nation.* »

Envoyé en mission secrète à Turin, lors de la guerre d'Italie, ce fut encore M. Piétri qui prit une part considérable dans l'organisation de la Légion Hongroise. Et celle-ci ne devait pas être la dernière mission qu'il aurait à accomplir.

En 1859, Nice devait être annexée à la France et le gouvernement n'ignorait pas qu'il avait à lutter contre un esprit ferme de nationalité de la part d'une certaine classe de la population Niçoise.

Aussi, comprit-on qu'une pareille mission devait être confiée à un homme habile et qui sut grouper autour du drapeau français de nombreux suffrages.

Nommé à cet effet, Commissaire du Gouvernement français, M. Pietri se rendit à Nice et, après un court séjour, se retira avec un succès presque inespéré. C'est à cette époque qu'il s'associa une compagne douée de toutes les qualités désirables du corps et de l'esprit.

En 1863, une forte opposition se manifestait en France, au sujet des élections pour le Corps Législatif. Le gouvernement comprit aussi qu'une opposition sans frein était de nature à compromettre pour un instant la tranquillité du pays, et nomma aussitôt M. Pietri, Administrateur de la Gironde.

Mais cette mission devait être, hélas! le dernier triomphe d'une vie noblement remplie et dont la devise avait été : *Probité, Patriotisme et Dévouement sans bornes à la Démocratie Napoléonienne.*

De retour à Paris, l'Empereur éleva M. Pietri à la dignité de Grand-Croix de la Légion d'honneur!

Mais achevons vite une page qui nous attriste! Dans la nuit du 28 février 1864, vers dix heures du soir, M. le Sénateur Piétri est mort à Paris. Il n'était âgé que de cinquante quatre ans. Pendant sa courte maladie, l'Empereur et tous les membres de la famille Impériale n'avaient cessé de lui donner des marques de leur plus vive sollicitude. La ville de Sartene, fière d'avoir donné le jour à cet homme d'élite, a manifesté le désir de voir ses cendres reposer sur le sol natal. Nous mettons, sous les yeux de nos lecteurs, la dépêche que M. le Maire de Sartene a adressée à la famille du Sénateur :

« M. le Maire, interprète des sentiments unani-
« mes de la population de cette ville, plongée dans

— 14 —

« la douleur par la perte de son illustre concitoyen,
« M. le Sénateur Pietri, exprime à sa famille ses
« regrets les plus amers.

« La population, par son organe, désire que sa
« dépouille mortelle soit transférée à Sartene. Le
« Conseil Municipal a voté à l'instant 2,000 francs
« pour ses funérailles à Sartene. »

Notre tâche finit ici !

Nous avons regretté de n'avoir pas en notre possession de plus nombreux documents pour être en mesure d'offrir au public cette même Biographie, avec tous les développements qu'elle comporte.

Nous aurions alors fait plus qu'accomplir un devoir, nous aurions rendu un service signalé au pays, car, nous aurions mis sous les yeux de la jeunesse un exemple à suivre, un type remarquable de dévouement et de Patriotisme.

MARSEILLE. — IMPRIMERIE SAMAT, QUAI DU CANAL, 9.

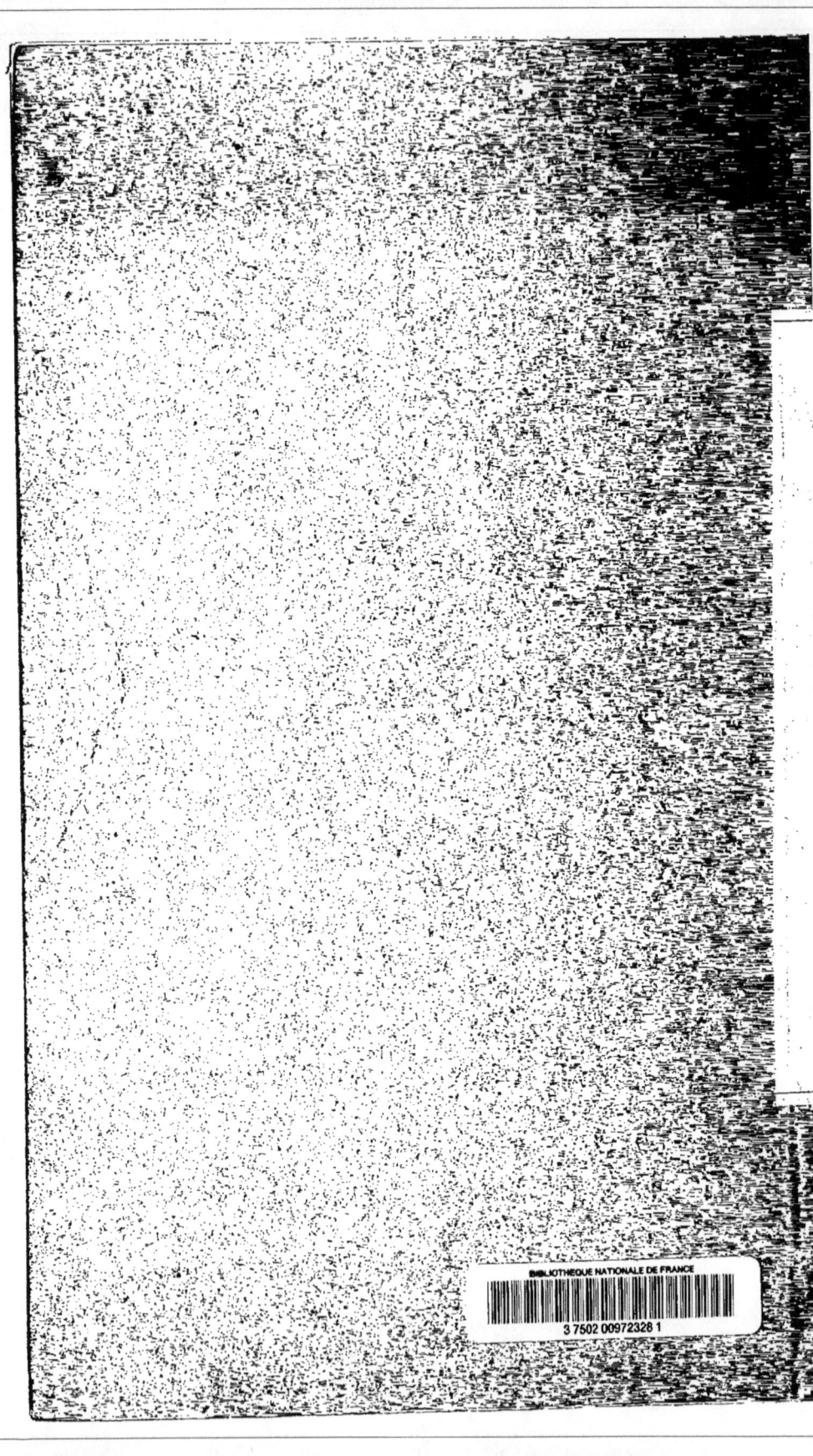

www.ingramcontent.com/pod-product-compliance
Lightning Source LLC
Chambersburg PA
CBHW060935050426
42453CB00010B/2017